Bald wirst du wieder tanzen können

Christine Litzner & Christian Kempe

Bald wirst du wieder tanzen können

Eine nicht alltägliche Krankengeschichte

Impressum

Bibliografische Information der Deutschen Nationalbibliothek:
Die Deutsche Nationalbibliothek verzeichnet diese Publikation in der Deutschen Nationalbibliografie; detaillierte bibliografische Daten sind im Internet über http://dnb.dnb.de abrufbar.

Herstellung und Verlag: BoD – Books on Demand, Norderstedt

ISBN: 978-3-751959322

Rau und frostig waren die ersten Januartage des Jahres 1944. Mutter, die auf dem elterlichen Gut arbeitete, war schwanger. Sie war angestellt beim Bruder, der durch das Erbhofgesetz der damaligen Zeit alleiniger Erbe war. Gemeinsam mit ihrem zukünftigen Mann musste die Hochzeit vorbereitet werden, denn der Nachwuchs sollte ja nicht unehelich zur Welt kommen.

Durch einen kompliziert gebrochenen Knochen im Fußgelenk von Mutter, konnte eine Eheschließung in der Kirche und im Standesamt nicht in Erwägung gezogen werden.

So wurde eine Trauung in der guten Stube des Bruders im Erdgeschoß des bäuerlichen Wohnhauses vorbereitet. In der eigenen Wohnküche von Vater und Mutter wäre es nicht möglich gewesen. Es war ein langer schmaler

Raum, kein Wasseranschluss, nur 1,80 hoch und circa 15 Quadratmeter groß.

Der Tag der Nottrauung war der 16. Januar 1944. Das Brautpaar, der Pfarrer, ein Standesbeamter und der Bruder der Braut waren zugegen. Eine Nottrauung war in dieser Kriegszeit nicht ungewöhnlich. Es waren auch Ferntrauungen machbar, wenn der Mann im Krieg sein musste. Am Nachmittag konnte doch noch eine kleine Feier - so gut es möglich war - stattfinden.

Es wurde gesungen und musiziert. Die Familie unseres Vaters war sehr musikalisch. Auch bei späteren Familientreffen können sich viele noch daran erinnern. Vater arbeitete zu dieser Zeit in der Auto-Union in Zschopau. Da dieser Betrieb auch in der Rüstungs-industrie verankert war, wurde er erst am 26. Januar 1945 zum Militär eingezogen.

Mutter war von je her auf dem Hof des Bruders mit viel Arbeit, aber wenig Geld angestellt, wie es in dieser Zeit so üblich war.

Sie war eine kleine zierliche Frau. Im Verlauf der Schwangerschaft entstand die Vermutung, es könnte eine Mehrlingsgeburt werden. In diesem Zustand brach sie den Mittelfußknochen vom linken Bein.

Auf Grund dieser Fußverletzung und der schlechten Wohnverhältnisse wurde eine Einweisung in die Kinder-klinik Chemnitz erforderlich.

Es war dann schon Mitte März, und die Kriegs-handlungen wurden auch in Chemnitz und Umgebung immer mehr spürbar, sodass die Kinderklinik in Chemnitz wegen Bombenalarm mehrmals geräumt werden musste.

Unsere hochschwangere Mutter wurde mit anderen schwangeren Frauen nach Augustusburg in das jetzige Seniorenhaus an der Eppendorfer Straße gebracht, welches damals als Notkrankenhaus genutzt wurde. Es konnten dort aber nur unter unmöglichsten Zuständen Unterkünfte bereitgestellt werden und es waren keine Ärzte verfügbar. Nach dem die Lage in Chemnitz etwas ruhiger eingeschätzt wurde, konnte eine Rückverladung stattfinden.

Mutter musste den Ortswechsel in ihrem Zustand mehrmals bis zu unserer Zwillingsgeburt ertragen. Sie erkrankte kurze Zeit vor der Geburt noch an einer Nierenbeckenentzündung. Für sie sollte dieser Zustand durch viele Spritzen erträglicher und schmerzfreier werden.

Diese Injektionen stellten sich vor allem nach der Geburt der Zwillinge für sie und auch für die neugeborenen Kinder als sehr gefährlich heraus. Mein Bruder erblickte durch eine Zangengeburt das Licht der Welt. Er war durch die sich kurz nach der Geburt bildenden Furunkel nicht so sehr betroffen wie Mutter und ich.

Diese kleinen aber vereiterten Geschwüre hatten sich bei mir besonders schlimm in dem kleinen linken Kniegelenk festgesetzt. Nur wenige Tage nach meiner Geburt, war bei mir daher eine Operation erforderlich.

Unsere Mutter, welche 1995 verstarb, hat uns immer wieder von der schweren Geburt und vor allem von der Operation erzählt, wie ein kleiner vereiterter Knochen entfernt werden musste.

Sie konnte erst nach einem längeren Klinikaufenthalt mit meinem Bruder nach Hause entlassen werden. Nach ungefähr weiteren sechs Wochen konnte auch ich dann ebenfalls nach Hause.

Es war für alle eine ganz schlimme Zeit und bedurfte großer Anstrengungen in den Familien, den täglichen Bedarf an Kleidung und Essen zu besorgen. Die ganze Last der Versorgung war bei fast allen Familien Frauensache, die den Überlebenskampf allein zu bewältigen hatten.

Kurz nach Weihnachten im Jahr 1946 kam Vater an Tuberkulose erkrankt aus der russischen Gefangenschaft nach Hause. Er war bemüht, trotz seiner lebensbedrohlichen Krankheit, mit letzten Kräften seiner Familie zu helfen. Die Krankheit war hochgradig ansteckend und es war für Mutter nicht einfach, uns Kinder von ihrem Vater, der an einer offenen TBC erkrankt war, fern zu halten. Ungefähr 14 Tage vor seinem Tod kam dann unser ganz geschwächter Vater ins Krankenhaus nach Chemnitz - Rabenstein, wo er am 19. September 1947 verstarb.

Trotz großer Fürsorge unserer Mutter hatten wir Kinder uns an dieser offenen Lungen TBC angesteckt. Bei mir trat die Krankheit nicht so schwer auf, aber mein Zwillingsbruder musste für mehr als vier Monate in die Lungenheilstätte nach Chemnitz - Borna. Er konnte dort nicht besucht werden und hatte sich von uns ganz entfremdet.

Die Jahre nach dem Tod des Vaters waren für Mutter sehr hart. Sie musste nun allein für alles sorgen und hatte in dieser schlechten Zeit einen wahren Überlebenskampf zu führen. Trotz meiner Knieoperation und sichtbaren Narben am Knie hatte ich eigentlich bis zum 10. Mai 1950, einen Tag nach unserem 6. Geburtstag, keine größeren Beschwerden.

An diesem besagten Tag rannten wir Kinder, spielten und tollten umher bis ich plötzlich stürzte. Ich verspürte einen ganz starken Schmerz im Bein, schrie und konnte nicht mehr aufstehen. Bauarbeiter, die sich ganz in der Nähe befanden, wurden aufmerksam und kamen zu Hilfe. Den Anwesenden wurde sofort klar, dass ich so schnell wie möglich ins Krankenhaus musste. Das nächstgelegene war in Oederan, ungefähr 15 Kilometer entfernt. Ich hatte den Oberschenkel des schon als Säugling operierten Beins gebrochen.

Des Dachdeckermeisters Röstels Transportfahrzeug, ein kleines Lastauto auf drei Rädern, die es in dieser Zeit oft bei Handwerkern gab, musste als Krankentransportfahrzeug dienen.

Der Dachdeckermeister rüstete die Ladefläche mit Decken und Kissen gut aus, so konnte ich unter großen Schmerzen transportiert werden. Diese Fahrt werde ich in meinem ganzen Leben nicht vergessen. Die Straßen waren schlecht, das Fahrzeug hatte keine Federung und ich hatte einen gebrochenen Oberschenkel. Im Krankenhaus angekommen standen dort wenigstens Schmerzmittel zur Verfügung, die mir dann verabreicht wurden.

Da zur damaligen Zeit keine guten Ärzte zur Verfügung standen, wurde der Oberschenkelbruch sehr schlecht behandelt und die Knochen verheilten in einem übereinander verschobenen Zustand. Somit war das Bein einige Zentimeter verkürzt.

Zu allem Unheil bekam ich dort im Krankenhaus noch Scharlach. Es gab in dieser Zeit keine Infektionskrankheiten im Krankenhaus Oederan und ich wurde sechs Wochen in einem kleinen Zimmer allein untergebracht.

Mutter durfte wegen der Ansteckungsgefahr nur bis zur Zimmertür. Sobald meine Mutti wieder nach Hause musste, habe ich ganz sehr geweint. Die Schwester sagte zu mir „Wenn du das nächste Mal wieder weinst, darf deine Mutter dich gar nicht mehr besuchen." Ich kann mich noch gut daran erinnern, als Mutter mir ein Stück Schokolade von der Tür aus zuwarf, fiel es unter das Bett. In diesem Moment erschien eine Schwester und es gab einen höllischen Krach. Abends wurde ganz zeitig das Licht ausgeschaltet.

Zu meiner Entlassung machte Mutter den Arzt darauf aufmerksam, dass ich schlecht laufen könnte. „Das wird schon", war seine Meinung. „Das Mädchen gibt sich so viel Mühe." Das Problem war eher, wie ich mit verschiedenen Beinlängen gut laufen sollte.

Verursacht durch den langen Klinikaufenthalt, bis weit in den Juni hinein und durch nur ganz langsame Fortschritte beim Laufen, war an eine Einschulung im selben Jahr nicht zu denken.

In der Schule gab es die mehrheitliche Auffassung, den Schulbeginn um ein Jahr zu verschieben. Es gab besonders zwei Lehrerinnen, die auch Zwillinge waren, empfahlen, dass wir gemeinsam zu Schule gehen sollten. Und so hatte es auch Einfluss auf meinen Bruder, der darüber gar nicht böse war. Zum Schulanfang 1951 konnte trotz aller finanziellen Not eine Schulanfangsfeier durchgeführt werden, denn Mutter wollte auch, dass wir den Verlust des Vaters nicht zu sehr spürten. Durch viele Arztbesuche mit mir fehlte ihr ja auch die Zeit, um Geld zu verdienen. Es vergingen mehrere Jahre und es wurde immer schlechter mit der Behinderung, unter der ich sehr zu leiden hatte. In der Schule war es besonders schlimm, da mich die Mitschüler oft verspotteten oder sogar anrempelten.

Auch mein Zwillingsbruder, der oft meinen Schulranzen trug, hatte unter den Schikanen mancher Klassenkameraden mit zu leiden. Wie gern hätte ich mich auch an sportlichen Maßnahmen beteiligt, aber leider war daran gar nicht zu denken. Mit zwölf Jahren hatte sich der Zustand des Beines so sehr verschlechtert, dass ich das Bein durch die Beschwerden nicht mehr richtig belasten konnte.

Das Bein war nach innen verdreht, ganz schwach und wuchs nicht mehr ausreichend mit. Es war zu dieser Zeit schon circa 10 cm kürzer als das gesunde rechte Bein. Ich konnte nur mit einem hohen orthopädischen Schuh eingeschränkt laufen. Es war unausweichlich, dass der Zustand mit einer Operation grundlegend verbessert werden musste. Durch Fürsprache unseres Arztes bekam ich einen OP-Termin in der Universitätsklinik Leipzig, von dem wir uns sehr viel versprachen.

Ich war damals 12 Jahre alt und erinnere mich nur ungern an diesen Klinikaufenthalt. Besonders der Professor, der mich operierte, war ein unfreundlicher Mensch und auch manchen Schwestern war jeder Handgriff zu viel.

Es gab,- außer zu den festgelegten Schieberzeiten, - keine weiteren Möglichkeiten, sich seiner Notdurft zu entledigen. Die Operation war mit einem langen Klinikaufenthalt und großen Schmerzen verbunden und wir hatten so viel Hoffnung, dass der Zustand des Beines verbessert wird. Es stellte sich aber bald heraus, dass die Operation und der lange Klinikaufenthalt keine Verbesserung gebracht hatten. Mutter und ich waren ganz verzweifelt und mutlos, als bei einer nachträglichen Untersuchung in Leipzig erklärt wurde, dass das Bein eventuell amputiert werden müsste.

Über meinen Zustand machten sich, außer unserer Familie, auch noch andere liebe Menschen Sorgen. Dank Mutters guter Verbindung zur Kirchgemeinde waren unsere Sorgen, die finanzielle Lage und auch meine gesundheitlichen Probleme unserem damaligen Pfarrer bekannt.

Und so wurde über die Kirchgemeinde ein Ferienaufenthalt in Westdeutschland für uns Kinder organisiert.

Es bestand zu dieser Zeit (1957) mit Unterstützung der Kirche die Möglichkeit, bedürftige Kinder dahin zu schicken.

Z W E I

So konnte ich, zusammen mit meinem Bruder, diese Reise in den Sommerferien in den uns unbekannten Westen antreten. Eigentlich wollten wir gar nicht gern von zu Hause fort, aber es wurde so entschieden. Die Fahrt wurde von Kirchenmitarbeitern vorbereitet. Am Grenzbahnhof in Oebisfelde übernahmen dann Mitarbeiter der Bahnhofsmission die weitere Organisation unserer Reise.

Wir waren sehr gespannt und neugierig, hatten aber keinerlei Vorstellungen. Über den Kapitalismus im Westen wurde den Kindern in der Schule nichts Gutes gelehrt. Zu Hause hatten wir manchmal über ein altes Radio, bei ganz schlechtem Empfang, die Möglichkeit Schlagermusik von Radio Luxemburg zu hören.

Da wir ja zu zweit waren, war auch der Abschied von Mutter nicht ganz so schmerzlich. In Erinnerung blieb uns nur die etwas angespannte Situation der anderen Reisenden.

Pfarrer Rabius

Unsere Fahrt endete auf dem Bahnhof in Hoya im Kreis Verden an der Aller. Dort angekommen sollten wir Zwillinge auf zwei Familien aufgeteilt werden. Ich glaube, man hat es uns an den Gesichtern angesehen, dass wir davon nicht begeistert waren. Unser Gastgeber, Herr Rabius,- damaliger Pfarrer von Eitzendorf,- entschied, dass wir beide zusammen in seinem Pfarrhaus untergebracht werden. Er brachte es nicht fertig, uns zu trennen. Wir waren mit dieser Entscheidung mehr als zufrieden.

Im Pfarrhaus hatten wir jeder ein eigenes Zimmer, das übertraf unsere Erwartungen. Bei uns zu Hause schlief ich mit Mutter in einem ganz kleinen Zimmer mit nicht mal 10 m². Das Zimmer meines Bruders war auch nicht größer.

Frau Rabius befand sich mit den Kindern bei Bekannten im Urlaub und so war auch für uns genügend Platz in dem wunderschönen Backsteinhaus.

Ein Dienstmädchen führte den Haushalt der Pfarrersfamilie und war damit auch für uns zuständig. Sie hatte uns gleich ins Herz geschlossen und wir hatten auch mit ihr einen uns umsorgenden fröhlichen jungen Menschen getroffen. Ein paar Tage später kam noch ein Student ins Pfarrhaus, der auch seine Ferien dort verbrachte.

Der Pfarrer war für mehrere Kirchgemeinden zuständig und wir lauschten manchmal, wenn er sich in seinen Diensträumen für seine Predigten vorbereitete und laut vor sich hinsprach. Das hat uns sehr beeindruckt. Er versuchte, mit all seinen Möglichkeiten, uns einen schönen Aufenthalt zu bieten. Es gab sehr gutes, abwechslungsreiches Essen. Verschiedenes war für uns ungewohnt.

Pfarrhaus in Eitzendorf

Ich kann mich noch sehr gut daran erinnern, als es einmal einen besonderen Nachtisch gab. Dieser war selbst für den Pfarrer nicht alltäglich – es war Ananas.

Dabei haben wir anfänglich das Gesicht verzogen, was ihn sehr verwundert hat. Pfarrer Rabius besaß kein Auto, aber einen Motorroller, mit dem er in die Kirchgemeinden fuhr, für die er zuständig war. Da es nicht möglich war, mit uns Kindern gleichzeitig Fahrten zu unternehmen, waren wir abwechselnd mit ihm zu kleinen Ausflügen unterwegs. Er zeigte uns die nähere Umgebung und die wunderschöne Lüneburger Heide.

Ich erinnere mich noch an eine schöne Ausfahrt mit dem Bus nach Bremen, um uns im Hafen eine Dampferrundfahrt zu bieten. Es war ganz gewaltig für uns, so eine große Stadt und noch dazu im „Westen" zu sehen.

Der Stadtrundgang führte uns über den Hafen, vorbei an dem Denkmal der „Bremer- Stadtmusikanten" und zum Dom. Dort war Herr Rabius mit meinem Bruder noch im Bleikeller. Er hatte mir abgeraten mir die mumifizierten Toten mit anzusehen.

Abends spielten wir oft mit Monika, dem Dienstmädchen, und mit Erhard, dem Studenten, Federball, ein Spiel, welches wir bis dahin nicht kannten. In einem Seitengebäude auf dem Pfarrgrundstück war der Leichenwagen untergestellt.

Wenn die Tore offenstanden und wir daran vorbei gingen, war uns das doch etwas unheimlich. Sonntags war Kirchgang angesagt und wir gingen gemeinsam zum Gottesdienst in die nahegelegene Kirche

Letzendorfer St. Georgs Kirche erbaut 1867, Straßenansicht

Wir bekamen etwas Geld vom Pfarrer für die Kollekte, die für uns ungewöhnlich, im Klingelbeutel in den

Sitzreihen eingesammelt wurde. Das Einsammeln der Kollekte wurde oft von meinem Bruder übernommen.

Am Nachmittag fand dann der Kindergottesdienst statt. Mein Bruder war gar nicht begeistert, wenn die Kinder von ihm verlangten, etwas in russischer Sprache zu sagen. Er hatte sowieso nicht viel Begeisterung für diese Sprache und es nervte ihn sichtlich. Vielleicht dachten die Kinder, dass wir zwar aus Deutschland kommen aber sehr oft russisch sprechen. Gemeinsam brachten wir dann doch etwas zusammen, was die anwesenden Kinder zufrieden stellte und erheiterte. Wenn der Pfarrer nicht zu Hause war, ging es sehr lustig zu. Im Pfarrhaus gab es zwei Fahrräder. Eines war für den Studenten und das andere Rad durften wir benutzen. Mein Bruder nahm mich mit auf dem Gepäckträger und so konnten wir an einen kleinen See oder Teich zum Baden fahren. Pfarrer Rabius war davon nicht begeistert, denn er war sehr besorgt um uns. Eigentlich sollten wir uns nicht ohne den Studenten Erhard entfernen, aber immer konnte er auch nicht bei uns sein.

Es wurde uns ans Herz gelegt, ja nicht von der Polizei sehen zu lassen, wenn wir zu zweit auf dem Fahrrad sitzen, da dies ist ja nicht gestattet war. Es war ungefähr bekannt, wann die Ordnungshüter durch das Dorf fuhren und das beobachteten wir.

Auch wenn wir weit weg von zu Hause waren, ist dies eine schöne und unvergessene Urlaubszeit gewesen. Diese ging dann auch sehr bald zu Ende. Zum Abschied durften wir uns auch kleine Geschenke für zu Hause wünschen.

Für meinen Bruder stand ein Wunsch ganz klar im Vordergrund: Er wollte auf alles verzichten, aber es sollte eine Wasserpistole sein. Es gab im Ort ein kleines Geschäft, dort lag der große Wunsch im Schaufenster. Er ist mehrmals dort vorbei gegangen, um die kleine Wasserpistole durch das Schaufenster zu bewundern. Pfarrer Rabius war gar nicht begeistert und hätte liebend gern etwas anderes mit nach Hause gegeben. Er sah aber, dass alles andere eine Enttäuschung gewesen wäre und so stimmte er schweren Herzens zu. Auch andere Menschen im Ort waren uns gegenüber ganz aufgeschlossen und entgegenkommend. Man unterhielt sich gern mit uns und unser sächsischer Dialekt fiel ihnen besonders auf. Während unseres Aufenthaltes lernte ich in der Nachbarschaft ein nettes Mädchen in meiner Alter kennen, sie hieß Resi. Ihre Eltern besaßen einen Bauernhof mit einer Vielfalt von Tieren. Obwohl wir nur eine kurze Zeit in Eitzendorf waren entwickelte sich eine gute Freundschaft.

Ich wurde zum Kaffeetrinken eingeladen und sie zeigte mir ihre Schulbücher, die ganz anders waren als ich es gewohnt war, viel bunter und farbenfroher. Resis Mutter packte mir einen Karton mit gut erhaltenen Kleidungsstücken ein, die ich zu Hause gut gebrauchen konnte.

Wir wussten, es war ja für Mutter eine große Hilfe. Unsere Gedanken waren, wie sollen wir all die Sachen mit nach Hause bringen. So wurden wir auch von anderen Menschen reichlich beschenkt und dazu noch komplett mit Kleidung ausgestattet. Zum Glück hatte ich ja meinen kräftigen Bruder dabei. Wir haben uns während unserem Ferienaufenthalt in Eitzendorf sehr wohlgefühlt, aber wir mussten wieder zurück in unsere Heimat.

Der Abschied fiel uns schon schwer, aber anderseits freuten wir uns schon sehr auf ein Wiedersehen mit unserer Mutter und all unseren Freunden und Klassenkameraden.

Pfarrer Rabius brachte meinen Bruder und mich nach Verden zum Bahnhof. Von dort aus fuhren wir nach Hannover und stiegen dann in den Zug nach Leipzig. Es war keine ganz einfache Aktion mit so viel Gepäck, manche sahen uns etwas argwöhnisch an, aber es wurde uns auch geholfen. Je näher wir zur Zonengrenze kamen merkten wir, eine bestimmte, schwer zu beschreibende Anspannung unter den Mitreisenden, die sich auch ganz eigenartig auf uns übertrug. Als wir am Grenzbahnhof einfuhren und die vielen Volkspolizisten (Vopos) mit den Hunden sahen packte uns Kinder auch fast panische Angst.

Viele Mitreisende mussten Koffer und Gepäckstücke öffnen. Die Kontrollen zogen sich für uns gefühlt eine Ewigkeit hin.

Wir brauchten zum Glück unsere Koffer und auch nicht das andere Gepäck öffnen, ich weiß nicht ob wir das alles wieder zugebracht hätten.

Für unsere Mutter war die Zeit unserer Abwesenheit auch nicht einfach, aber sie wusste, dass wir gut aufgehoben waren. Doch die Sehnsucht nach uns Kindern war sehr groß. Sie konnte es kaum erwarten, ihre Kinder wieder in ihre Arme zu nehmen.

In Leipzig angekommen wurden wir von Mutter abgeholt. Sie war sprachlos, in welcher Kleidung wir aus dem Zug stiegen. Beinahe hätte sie meinen Bruder in einem langen Lodenmantel, den er nicht begeistert trug, nicht wiedererkannt. Zu Hause gab es natürlich sehr viel zu erzählen.

Die meistgestellte Frage war: „Wie war es denn im Westen?" Doch Mutter hatte uns eingeschärft, so wenig wie möglich in der Schule darüber zu berichten. Die Wasserpistole hat mein Bruder viele Jahre immer wieder versteckt und nur ganz guten Freunden kurz gezeigt und vorgeführt.

Mutter war auch nicht froh darüber und wusste nicht genau, ob es vielleicht sogar verboten war, so etwas zu haben. Denn in den Anfängen der DDR-Zeit durfte man ja nicht mal Bleisoldaten besitzen.

Nach unserer Rückkehr von unserem Ferienaufenthalt bekamen wir von Zeit zu Zeit Westpäckchen. Meist waren deren Inhalt Grundnahrungsmittel, was Mutter gern annahm, denn dann brauchte sie diese nicht zu kaufen. Die Freude und Dankbarkeit war groß, wenn Backzutaten und vielleicht auch Süßigkeiten dabei waren. Aber das war eher eine Seltenheit.

Die Familie des Pfarrers, hatte es mit drei Kindern, auch nicht so reichlich, aber es war ihre christliche Pflicht uns zu unterstützen, wie es eben möglich war. Auch die Kirchgemeinde von Eitzendorf dachte an uns und schickte, meist vor Weihnachten, ein Paket, was dann am Heiligabend geöffnet wurde.

DREI

Der Zustand meines Beines und die damit verbundene Behinderung beschäftigten Herrn Pfarrer Rabius sehr. Er wollte über meine Krankengeschichte und über die kürzlich zuvor misslungene Operation in Leipzig alles in Erfahrung bringen.

Ich wollte allerdings davon nichts wissen, denn der Gedanke an eine neue Operation war fast unerträglich. Er versuchte, alle seine Möglichkeiten auszuschöpfen, mir zu helfen und mich in Westdeutschland ärztlich behandeln zu lassen.

Er nahm mit Mutter nach unserem Aufenthalt immer wieder Kontakt auf und schrieb Briefe über seine Ideen. Das war alles andere als einfach und so schrieb er immer wieder Briefe an Mutter, was er unternahm und wie es gehen könnte.

Ein großes Problem war es, die Finanzierung zu organisieren. Denn er war sich bewusst, sollte es zu Operationen kommen, wäre dies mit sehr hohen Kosten verbunden. Diese müsste ja auch jemand tragen.

Die DDR-Krankenversicherung hätte niemals zugestimmt, dies zu übernehmen. Es durfte ja auch niemand erfahren, dass eine Operation beim Klassenfeind in Westdeutschland geplant und stattfinden sollte. Dort waren ja ganz andere medizinische Voraussetzungen gegeben, um mir zu helfen. Denn jeder ärztliche Versuch hier bei uns führte ja immer weiter zur Verschlechterung des Zustandes meines Beines.

Eigentlich hatte sich Pfarrer Rabius eine ärztliche Behandlung von mir in der Uniklinik Heidelberg vorgestellt. Schon nach wenigen Wochen bekamen wir von dort einen Vorstellungstermin. Doch es war nicht mehr möglich, nach Westdeutschland zu fahren.

Die politischen Verhältnisse hatten sich verändert. Man konnte zu dieser Zeit nur noch nach Westberlin reisen. Es musste jetzt alles umorganisiert werden, was sehr schwierig war.

Eine Operation in Westberlin war für Mutter eigentlich kaum vorstellbar. Leider konnten wir ja auch mit Pfarrer Rabius nicht sprechen. Denn es bestand die Gefahr, dass die Post geöffnet wird.

Zwischenzeitlich hatte Mutter Kontakt mit einer Klinik in Rothenburg/Ol. aufgenommen. Dies geschah auf Empfehlung eines Patienten, der in dieser Klinik operiert wurde. Dort bekamen wir von der Orthopädie einen Vorstellungstermin. Wenige Tage vor diesem Termin erhielten wir plötzlich und unerwartet Nachricht aus Berlin vom Oskar- Helene- Heim. Dabei handelte es sich um eine Klinik in Dahlem (Westberlin.) Diesen Termin hatte Herr Rabius durch die Verbindungen zur Inneren Mission organisiert. In dieser Nachricht wurde ein Vorstellungstermin genannt, welcher einen Tag nach dem Termin in Rothenburg/Ol. stattfinden sollte.

Ich musste wieder mindestens zwei Tage von der Schule fernbleiben. Da ich aber schon oft wegen meiner Krankheit fehlte, hatten die Lehrer dafür kaum noch Verständnis. Mutter hat es wieder durchgesetzt, immer von dem Gedanken getrieben, mir zu helfen. Es durfte auf keinen Fall bekannt werden, dass es dieses Mal mit nach Westberlin gehen sollte.

In Rothenburg konnte uns leider keine große Hoffnung in meinem Fall gemacht werden. Den Ärzten war es schon anzusehen. Sie erklärten uns, dass eine absolute Verbesserung des Zustandes mit hoher Wahrscheinlichkeit nicht erreicht werden könne.

Als letzte Hoffnung blieb uns nur der Termin im Oskar-Helene-Heim.

Aber das war bei Weitem nicht so einfach. Wir fuhren zurück nach Dresden und mussten dort in der Bahnhofsmission übernachten.

Wenn ich daran denke, welche Strapazen Mutter mit mir auf sich nahm, kann ich es mir heute kaum noch vorstellen. In der Bahnhofsmission war im Nebenraum, der nur durch eine dünne Trennwand abgeteilt war, ein Mann untergebracht. Er war aus der Nervenheilanstalt Arnsdorf entwischt und sollte erst am nächsten Tag zurückgebracht werden. Er tobte die ganze Nacht und an Schlaf war gar nicht zu denken. Mutter beruhigte mich immer wieder, aber es war eine ganz schreckliche Nacht.

Am Morgen nahmen wir den ersten Zug der von Dresden nach Berlin fuhr. Da wir noch nie in Berlin waren, war es nicht so einfach nach Berlin Dahlem zu gelangen. Wir wollten auch nicht jeden fragen, denn wir wussten nicht genau, ob das nicht auch schon illegal war.

Das Oskar-Helene-Heim lag in der Nähe der U-Bahnstation.

Dort angekommen war man schon auf unseren Besuch vorbereitet. Herr Rabius hatte all seine Informationen bereits dorthin gegeben.

Ich wurde dort vom Professor untersucht und er versprach, mich in aller Kürze zu operieren und mein Bein, das schief wuchs, gerade zu stellen. Der Professor meinte, dass das Bein dann zu einem späteren Zeitpunkt, wenn das Wachstum beendet ist, in zwei weiteren Operationen der Länge des anderen Beines angepasst wird. „Es werden drei schwere Operationen, aber wenn es gelingt,- und davon bin ich überzeugt,- kannst du wieder normale Schuhe tragen" war seine Aussage. Das Bein war zum damaligen Zeitpunkt ca. 10 cm kürzer und auch viel schwächer, da ich vorwiegend das gesunde rechte Bein belastete. Seine Aussage gab mir große Hoffnung und Vertrauen. Denn mit dem orthopädischen Schuhen wollte ich nichts mehr zu tun haben.

Berlin-Dahlem - Oskar-Helene-Heim

Wie gern wollte ich wieder schicke Schuhe und Kleider tragen. Der Professor war empört darüber, wie bei einem Kind, das gerade im Wachstum ist, die Wachstumsepiphysen zerschnitten werden konnten. Es war ein Professor in der Uniklinik in Leipzig, der diese Operation durchgeführt hatte. Zum Beginn der Herbst-

ferien, im Oktober 1958, bekam ich den Operationstermin.

Wir kannten uns jetzt schon besser aus und fuhren aber
mit großer Wehmut nach Berlin. Ich wusste ja, dass ich
dortbleiben muss. Aber was würde mich alles erwarten?
Mutter brach es fast das Herz, denn wer bringt sein
eigenes Kind gern in ein Krankenhaus? Zumal das
Krankenhaus sich so weit weg von zu Hause befand.
Außerdem war ein Besuch mit großer finanzieller
Belastung verbunden und nur ganz schwer durchführbar.

Aber uns trieb eine große Hoffnung voran. Die Operation musste einfach sein, auch wenn es eigentlich kaum
zu schaffen war. Ich weiß bis heute nicht, wo Mutter
manchmal das Geld hernahm. Ob sie es vielleicht von
vertrauensvollen Menschen bekam oder borgte? Sie
sprach nicht mit uns darüber und wollte uns Kinder nicht
damit belasten.

Diesmal war es einfacher für uns, das Krankenhaus in
Berlin zu finden. Wir kannten uns schon etwas aus, aber
die Anspannung mit der U-Bahn über die Zonengrenze
zu fahren, war immer noch vorhanden. Denn man hörte
immer wieder, dass Reisende kontrolliert wurden.

Im Krankenhaus angekommen, bekam ich ein Bett im
Teenager-Saal mit 12 Betten. Es war ein lustiges Trei-
ben, die Mädchen waren im Alter von ungefähr 15 bis
25 Jahren.

Mir war gar nicht lustig zu Mute, als sich Mutter von mir verabschieden musste, um die Heimreise anzutreten. Ich sah ihr traurig und wehmütig nach und weiß noch genau, dass sie einen blauen Sommermantel trug, der dann nur noch als blauer Punkt zu sehen war, bis er ganz verschwand.

Aber die Mädchen waren ganz aufgeschlossen und trösteten mich: „Du brauchst keine Angst zu haben! Die Schwestern haben Angst vor uns", scherzten sie und versuchten so, mich von meinen Gedanken doch etwas abzulenken.

Sie gaben mir schöne bunte Zeitschriften. So langsam gewöhnte ich mich gut ein und es war mit dem Krankenhaus in Leipzig gar nicht zu vergleichen. Mir ist auch noch in guter Erinnerung, dass ich mit meinem sächsischen Dialekt am Anfang kaum zu sprechen wagte. Langsam legte sich das Hemmnis und die Mädchen fanden es ganz lustig. An die Operation als solche habe ich keine so sehr schmerzhaften Erinnerungen. Ich wurde für mehrere Tage auf eine andere Station verlegt und kam dann irgendwann wieder zurück in den Mädchensaal. In diese Zeit fiel auch das Weihnachtsfest 1958/59 und ich konnte nicht entlassen werden, da noch viele Behandlungen bevorstanden. Mutter schrieb, dass sie sich vorgenommen hat, mich mit meinem Bruder zu besuchen. Da war die Freude groß! Auch Christian, meinem Zwillingsbruder, ist dieses alles noch in guter Erinnerung. Es war ja auch für ihn eine angespannte Zeit. Er wurde oft gefragt, wie es denn der Schwester geht. Er hatte ja auch den Auftrag für mich in der Schule mit zu lernen. Ich weiß nicht, ob ihm das immer gelungen ist.

Mutter packte ein paar kleine Geschenke ein, um mir doch zum Weihnachtsfest eine Freude zu bereiten. Aber vorrangig mussten ja auch Kleidungsstücke mit auf die Bahnreise mitgenommen werden. Es durfte auch nicht zu viel sein, um nicht den Verdacht einer Republikflucht zu erwecken.

Mit dem ersten Zug, der in der Heiligennacht von zu Hause nach Karl-Marx-Stadt fuhr, sollte gestartet werden, um am ersten Weihnachtstag nicht so spät bei mir zu sein. Die Züge an den Feiertagen fuhren ja nicht sehr oft. Der Zug fuhr schon 4.45 Uhr und zuvor hatten die beiden ja noch einen Fußweg von mindestens 45 Minuten bis zum Bahnhof vor sich.

Nur gut, dass in der Heiligennacht nicht viele Menschen unterwegs waren und so konnten sie schon in den zeitigen Nachmittagsstunden bei mir sein. Es war natürlich für uns alle eine große Freude, ein paar Stunden zusammen zu verbringen.

Die Eltern meiner Bettnachbarin, die auch zu Besuch waren, boten sich uneigennützig an, Mutter und Bruder mit nach Hause zu nehmen. So brauchten sie für die Nacht nicht in einer Bahnhofsmission um Quartier zu bitten.

Es war der einzige Besuch, nachdem ich am 07.Oktober nach Berlin ins Krankenhaus gegangen bin. Die Narben verheilten gut und durch die unterschiedlichen Behandlungen war auch für die Ärzte der Zustand so, dass ich Mitte Februar entlassen werden konnte.

Bei der Entlassung am 13. Februar 1959 wurde ich aber nochmals darauf aufmerksam gemacht, dass ich noch die zwei weiteren Operationen vor mir hätte.

Die Verlängerung (Verlängerungsosteotomie) und die Verkürzung (Verkürzungsosteotomie) von Knochen waren in dieser Zeit nur in ganz wenigen Kliniken in Europa möglich und wurden nur von einzelnen Spezialisten der Chirurgie durchgeführt. Über ein viertel Jahr hatte ich allerdings auch die Schule versäumt und das in der neunten Klasse. Im Krankenhaus gab es zwar auch Unterricht, aber hauptsächlich um uns zu beschäftigen. Ich habe mich nach meiner Entlassung ganz intensiv mit dem versäumten Lehrstoff befasst und konnte mit Hilfe meines Bruders und anderer Klassenkameraden ein gutes Zeugnis vorweisen. Heute sage ich manchmal noch zu meinem Bruder, dass ich besser war als er. Es galt jetzt, die polytechnische Oberschule, wie es damals hieß, zu beenden, was mir trotz der so viel versäumten Schulzeit auch mit gutem Ergebnis gelang, um auch eine Lehrstelle zu finden. Ein sehr sozial eingestellter Lehrer, meine Behinderung, ein gutes Zeugnis und ein mitfühlender Chef einer Bäuerlichen Handelsgenossenschaft (BHG) ergaben die Möglichkeit, mich als Handelskaufmann auszubilden. Die Arbeitsstelle befand sich im Wohnort. Da hatte ich mal wirklich Glück, das alles für mich passte. Mutter vertraute sich meinem neuen Chef an und erweckte sein Verständnis, dass ich anstehenden Operationen noch vor mir habe und die Lehrstelle erst ein Jahr später beginnen kann. Am 12.Juli 1961 war es dann soweit, dass ich wieder ins Oskar-Helene-Heim kommen sollte.

Eigentlich wollten wir es ja alle, aber ich hatte wieder ganz viel Angst und Befürchtungen im Kopf, ob alles gut gelingen wird. Werde ich die vielen Belastungen und Schmerzen auch aushalten?

Ich weiß nicht mehr genau, ob es mir richtig bewusst war, dass es für mich, aber auch für die Ärzte zu der damaligen Zeit, eine sehr große Herausforderung war. So näher wir an den Termin kamen, desto mehr wurden wieder die Erinnerungen an die Gespräche mit den Ärzten wach.

Es wurden so viele medizinische Fachbegriffe genannt, die ich gar nicht verstand oder mir merken konnte. Aber es hatte sich in mir eingeprägt, dass es schwere Operationen werden. Daran musste ich immer denken, denn ich hatte schon sehr viel erlebt.

Auf der Fahrt mit der U-Bahn von Ost- nach Westberlin waren sehr viele Reisende unterwegs, was wir so noch nicht erlebt hatten. Aber im Sommer 1961 verließen ja immer mehr Menschen die DDR, was uns erst später bewusst wurde.

Als dann in der Bahn von Mutter noch der Ausweis kontrolliert wurde, schlug mein Herz bis zum Hals. Ich hatte ja mitbekommen, dass sich Mutter 50 Ostmark in den Schuh gesteckt hatte. In der Klinik angekommen, wurden wir auf ein Sozialamt geschickt. Dort musste nochmals wegen der Finanzierung vorgesprochen werden.

Es war ja sicher sehr viel Geld, was bereitgestellt werden musste. Denn mit unserer DDR-Sozialversicherung war da nichts zu machen. Zum Glück konnte auch diese Hürde genommen werden. Danach wurde ich im Krankenhaus aufgenommen.

Es stellte sich jedoch heraus, dass ich in nächster Zeit nicht operiert werden konnte. Der Professor war viel im Ausland und ich konnte nur vom ihm operiert werden. Es war fast so weit, dass ich wieder nach Hause geschickt und ein neuer Termin festgelegt werden sollte. Zum Glück kam es nicht so. Ich frage mich manchmal, ob zu diesem Zeitpunkt schon vermutet wurde, dass vier Wochen später die Grenze geschlossen wird, ich weiß es nicht. Es wurde entschieden, die Zeit für Behandlungen zur Stärkung meines Immunsystems und zum Muskelaufbau zu nutzen. Mir ging es in dieser Zeit gut. Ich konnte meine Freizeit mit Basteln, Lesen und eigentlich mit allem, was mir Freude machte, verbringen. Es gab im Krankenhauspark ein Schwimmbad. So etwas kannte ich ja gar nicht. Was mir ganz sehr fehlte, war, dass ich aus der Heimat leider nicht besucht werden konnte. Die politischen Verhältnisse in Berlin hatten sich dramatisch zugespitzt und Mutter wurde von engen Freunden von einem Besuch bei mir abgeraten. Es war für mich traurig, wenn dann die anderen Mädchen Besuch bekamen. Meiner Mutter und mir blieb nur gegenseitig auf Briefe zu warten.

Am Sonntag, dem 13. August, wurde eine radikale Trennung zwischen Ost- und Westberlin durch den Bau der Mauer vollzogen, der auch den Grenzverkehr zwischen den beiden Stadtteilen unmöglich machte.

Ich erinnere mich noch genau an diesen Tag. Früh im Waschraum war große Aufregung. Die Mädchen hatten Kofferradios mit und hörten die neuesten Meldungen, was in der Nacht geschehen war. Sie sagten zu mir: „Du kannst nie wieder zurück. Du musst jetzt für immer hier bleiben."

Als sich die Aufregung etwas gelegt hatte, wurde mir immer mehr klar, dass es gut ist, dass ich jetzt hier war. Ich hätte ja niemals das Oskar-Helene-Heim wieder-gesehen.

Mitte September begannen die Vorbereitungen für die Operation. Ich wurde in ein Einzelzimmer verlegt, die nur auf der Männerstation zur Verfügung standen. Den Ärzten war klar, was auf mich zukam, aber zum Glück wusste ich es nicht.

Es wurden am rechten gesunden Bein fünf Zentimeter Knochen vom Oberschenkel entnommen und im linken

Bein im Oberschenkel zur weiteren Aufbewahrung und zur Erhaltung aller Funktionen fixiert. Dort wurde in der gleichen Operation der linke Oberschenkel getrennt. Der rechte Oberschenkel musste mit einem Nagel stabilisiert werden, um ein Zusammenwachsen der getrennten Stelle zu gewährleisten. Das Bein wurde auf eine Schiene gelegt. Am linken Bein wurden in der gleichen Operation Drähte befestigt, um daran Gewichte anzubringen. Das Bein musste damit an der getrennten Stelle fünf Zentimeter gestreckt werden, um den entnommenen Knochen vom rechten Bein später dort hinein zu bringen. Wie es chirurgisch abgelaufen ist und was da alles von den Ärzten zu berücksichtigen war, ist mir heute noch ein großes Rätsel und es fehlt mir ganz einfach der Sachverstand. Diese komplizierten Operationen müssen sich über viele Stunden hingezogen haben, wie mir später berichtet wurde. Ich lag dann viele Stunden in Narkose ohne jegliches Zeitgefühl. Als ich erwachte, lagen beide Beine auf Schienen. Nach den Operationen begann eine Zeit mit fast unerträglichen Schmerzen die durch das Strecken des Beines mit angebrachten Gewichten verursacht wurden. Alle zwei Stunden bekam ich eine Spritze, um die starken Schmerzen einigermaßen zu ertragen. Doch von den Spritzen bekam ich ganz starkes Herzrasen, deswegen klingelte ich in meiner Angst, um Hilfe zu erhalten. Ein herbeigeeilter Medizinstudent erkannte nach meinen Angaben das Problem, maß meinem Puls und eilte hinaus.

Kurz darauf standen drei Ärzte an meinem Bett berieten sich, gaben mir eine Spritze und ich schlief ganz schnell ein. Danach erfuhr ich, dass ich in einem kritischen Zustand gewesen sein muss. Es war nicht auszudenken, wenn ich, beheimatet in der DDR, dort in Westberlin verstorben wäre. Nun begann man noch schneller den Zwischenraum im Oberschenkel zu schaffen. Der behandelnde Arzt kam sogar sonntags, auch wenn er keinen Dienst hatte, um die Gewichte zu erhöhen und mein Bein zu kontrollieren, ob es gerade auf der Schiene lag.

Wenn es nicht der Fall war, drehte er das Bein, was wieder sehr starke Schmerzen verursachte. Einmal habe ich ihn vor lauter Schmerz am Arztkittel einen Knopf abgerissen. Er hat nichts gesagt und hatte sicher volles Verständnis.

In dieser schlimmen Zeit konnte und wollte ich keine Nahrung zu mir nehmen und verlor beängstigend an Gewicht. Der Professor sagte: „Du musst unbedingt essen, sonst kommst du nicht wieder auf die Beine."

Das war leichter gesagt und sicher gut gemeint, aber ich hatte wie einen Kloß im Hals. Sie haben immer wieder gefragt, auf was ich Appetit habe. „Auf gar nichts", war meine Antwort.

Nach vier Wochen erfolgte dann die zweite Operation. Ich war froh ein paar Stunden ohne Schmerzen in Narkose zu sein. Das aus dem rechten Bein entnommene Knochenstück wurde jetzt in dem entstandenen Zwischenraum im linken Oberschenkel eingesetzt.

Nach der zweiten Operation ging es mir etwas besser. Die Schmerzen waren erträglich. Die beiden Beine waren in Gips, der bis unter die Brust reichte. Ich konnte dadurch nicht mehr sitzen, aber es ging ja nicht anders und ich habe mich daran gewöhnen müssen. Schon bald, nach nicht sehr langer Zeit, wurde ich wieder auf den Teenagersaal verlegt. Da war erst einmal für mich die Welt wieder in Ordnung. Bei den Mädchen war immer etwas los und ich hatte Glück und bekam einen Fensterplatz.

Ich wurde liebevoll versorgt und es fehlte mir eigentlich an nichts, aber wenn die Anderen Besuch bekamen, stellte sich bei mir große Wehmut ein. Ich hatte doch oft großes Heimweh, wenn ich an zu Hause dachte. Mutter hatte ja auch die Vermutung, dass vielleicht die Post geöffnet wird und wollte auch, um mich nicht noch trauriger zu machen, ihre Gefühle nicht richtig zeigen. Ihre Gedanken waren in dieser Zeit ganz sicher auch immer bei mir. Dass nach der Schließung der Mauer kein Besuch mehr aus dem Osten kommen konnte, war - nicht nur für mich - ein schlimmer Zustand. Viele Patienten hatten ja auch Freunde und Bekannte in Ostberlin und durch die Mauer keine persönliche Verbindung mehr. Aber es war dennoch etwas anderes, wenn die eigene Familie in Westberlin wohnte. Kurz vor dem Weihnachtsfest kamen die behandelnden Ärzte und der Professor zur Visite und wünschten uns ein schönes Fest. Bei seiner kurzen Ansprache ermutigte er uns, nicht traurig zu sein, dass wir über Weihnachten hier im

Krankenhaus bleiben müssten, aber unsere Angehörigen könnten uns ja jederzeit besuchen.

Er hatte sicher dabei nicht an mich gedacht und ich hatte mit den Tränen zu kämpfen. Für das Weihnachtsfest wurde vom Krankenhauspersonal in unser Zimmer ein Baum gebracht. Ich erinnere mich gut daran, dass der Baum sehr wenig geschmückt war und eigentlich traurig aussah. Ein Mädchen bekam an diesem Tag wieder Besuch von einem amerikanischen Soldaten. Sein Name war Maik. Er war ein schöner großer Kerl und wir Mädchen waren direkt eifersüchtig. Er verschwand jedoch kurz nach seinem Erscheinen wieder und kam mit einem weiteren Kameraden und schönem Baumschmuck zurück. Dies gab dem Baum ein festliches Aussehen.

Noch vor Weihnachten kamen amerikanische Soldaten und brachten für jedes von uns Mädchen ein Geschenk. Ich kann mich noch gut erinnern, dass ich ein wunderschönes Nachthemd bekam, an dem ich mich noch lange erfreute. Das Oskar-Helene-Krankenhaus lag unmittelbar an der Clay-Allee, die auch eine wichtige Straße für das amerikanische Militär war. Das Militär prägte damals in Westberlin das Straßenbild.

Laufend fuhren Panzer und andere Militärfahrzeuge vorbei, was natürlich etwas für uns Mädchen war. Wer aufstehen konnte, winkte den Soldaten zu, die dies gern erwiderten. Einmal kamen mehrere Soldaten, die uns besuchten und brachten ganz viel Eis mit.

Daraufhin beklebten die Mädchen ein Bettlaken mit großen bunten Buchstaben und dem Text „**Thanks for the icecream**".

Das wurde dann jubelnd aus dem Fenster gehalten, als wieder Militärtransporte vorbeifuhren.

Die Ärzte sahen es jedoch gar nicht gern und es musste unterlassen werden. Doch es gab für mich eine ganz große Überraschung, als ich zu den Festtagen und auch noch danach ganz unerwartet sehr viel Besuch bekam. Und das mehr als manche Mädchen, die mit mir im Zimmer lagen. Es war mir fast peinlich, was ich an Zuwendungen, Geschenken und liebevollen Grüßen bekam. Es waren so viele Süßigkeiten, dass ich den Mädchen noch was abgeben konnte. Dieser viele Besuch hatte folgenden Grund. In einer Zeitung hatte gestanden: „Ein 17- jähriges Mädchen im Oskar- Helene- Heim aus dem Osten kann über die Feiertage keinen Besuch bekommen."

Unter anderem bekam ich Besuch von einem hohen amerikanischen Offizier, der mir persönliche Grüße von General Clay, eine Karte und einen Gutschein für Schuhe und Bekleidung überbrachte. Den könnte ich einlösen wenn ich wieder auf den Beinen bin. General Clay war der Oberbefehlshaber, der amerikanischen Streitkräfte, der zum Schutz Westberlins gegen einen eventuellen Angriff aus dem Osten eingesetzt war.

Eine ganz besondere Freude war für mich, als mich zwei junge Studenten aus meiner Heimat, einem Nachbarort, besuchten und ich die mir so vertraute Sprache hörte. Ich kannte sie zwar von früher nicht, aber sie waren durch den Zeitungsartikel auf mich aufmerksam geworden. Sie hatten, wie viele andere, vor der Mauerschließung noch die Ostzone verlassen und kamen aus Erdmannsdorf, wo ich später nach meiner Eheschließung hingezogen bin. Die vielen Geschenke wurden auf der Fensterbank und einem Tisch aufgebaut. Eine besonders liebe Schwester schickte dann mehrere Pakete zu meiner Mutter, die natürlich ganz erstaunt war und eigentlich mir lieber etwas geschickt hätte.

In dieser Zeit lernte ich auch eine ganz liebe warm-
herzige ältere Frau kennen. Als sie sich mir vorstellte,
nannte sie ihren Namen: „Pappenheim, nicht Pappen-
heimer", sagte sie und schon war eine gute vertrauens-
volle Verbindung hergestellt. Sie war als meine
Fürsorgerin bestellt und für meine Betreuung zuständig.
Sie überhäufte mich mit ihren Besuchen. Anfangs

wusste ich gar nicht was ich mit ihr besprechen sollte und es war mir fast peinlich. Es nervte mich schon, wenn dann die Mitpatienten immer sagten: „Na, wann kommt denn dein Tantchen wieder?" Dass sich daraus eine so liebevolle Beziehung entwickeln würde, konnte ich zu dieser Zeit nicht wissen. Sie hat sich so rührend um mich gekümmert und mir jeden Wunsch von den Augen abgelesen. Sie unterhielt auch in dieser Zeit eine gute Verbindung zu Mutter und gab ihr Trost und Hoffnung, dass alles gut werden würde. Diese Frau war für mich ein reiner Segen. Sie besuchte mich trotz ihres hohen Alters auch noch später mit ihrer Wirtschafterin bei uns zu Hause im Erzgebirge. Wenn dann mein Bruder mit ihr Fahrten unternahm, war sie ganz begeistert und schwärmte von dem schönen Erzgebirge. Sie verglich es immer mit dem Fichtelgebirge wo sie in jungen Jahren gern im Urlaub war.

Sie hat mir auch nach meiner Entlassung noch viel Gutes getan. Wir haben uns bis zu ihrem Tode nicht aus den Augen verloren und waren in ständiger guter Verbindung.

Viele Wochen verbrachte ich nun bis zur Brust eingegipst im Bett, ohne sitzen zu können. Die Beine und die Füße waren einzeln eingegipst. Zwischen den Beinen war eine kurze Stange mit im Gips befestigt, sodass die Möglichkeit bestand, mich aus dem Bett zu heben. Das Bett war so gestaltet, dass unter dem Gesäß die Möglichkeit bestand, einen Unterschieber zu verwenden.

Die Temperatur der Beine wurde ständig gemessen. Es wurden dabei keine Unregelmäßigkeiten festgestellt, die auf eine Entzündung hinwiesen. Ich war eigentlich immer noch mit meinem Schicksal zufrieden, wenn man auf das Leid andere Patienten aufmerksam gemacht wurde.

Neben dem Teenagersaal, in dem ich lag, gab es ein kleines Zimmer mit drei Betten. Dort lagen ganz schwere Fälle. Ich kann mich noch gut an ein siebzehnjähriges Mädchen erinnern, das durch einen Autounfall am ganzen Körper gelähmt war und kaum den Kopf bewegen konnte. Sie hatte mit ihrem Freund eine Ausfahrt unternommen und war gegen einen Baum geprallt. Er war als Fahrer unverletzt geblieben und es war ganz unverzeihlich, dass er sie nicht besuchen kam. Nur ihre Oma saß an ihrem Bett, was uns alle sehr betroffen gemacht hat. Mitte Februar war der große Tag gekommen, wo der Gips abgenommen wurde. Ich war sehr gespannt, wie es danach sein würde. Jede Bewegung ging ganz langsam und es war ganz ungewohnt, auf zwei gleichlangen Beinen zu stehen. Als der Professor mich vor meinem Bett stehen sah, lächelte er ganz glücklich und sagte in seinem bayrischen Dialekt: „Bei dem Madl sind die Heiratschancen von 100 auf 150 Prozent gestiegen."

Ich war ganz glücklich in der Erwartung, nun endlich auch ohne den hohen und schweren orthopädischen Schuh, der ja zehn Zentimeter Längenunterschied am linken Bein ausgleichen musste, zu laufen. Jetzt fehlten fünf Zentimeter an meiner Körpergröße, aber das störte mich absolut nicht. Anfangs war ich noch sehr wacklig auf den Beinen, aber es kann ja auch nicht anders sein, wenn man nach so einer langen Liegezeit wieder anfängt zu laufen, es stellten sich nach und nach Verbesserunen ein. Die Operationswunden heilten gut ab und die Ärzte waren mit der fortschreitenden Genesung sehr zufrieden. Es war meiner Jugend und meinem eisernen Willen zu verdanken, so schnell wie möglich gesund zu werden. Nach mehreren Wochen Krankengymnastik, Massagen und weiteren muskelaufbauenden Behandlungen rückte mein Entlassungstermin immer näher. Eigentlich hätten mich die Ärzte noch gern zu einer Kur geschickt, aber das wollte ich auf keinen Fall. Nach so einer langen Zeit wollte ich nur nach Hause. Ich hatte ja ein dreiviertel Jahr im Krankenhaus verbracht und die Sehnsucht meine Lieben zu Hause wieder zu sehen, war sehr groß.

VIER

Die lange Zeit meiner Abwesenheit war zu Hause natürlich aufgefallen und die Frage, wo ich mich eigentlich befinde, stellten auch die örtlichen Organe. Immer wieder nur zu sagen, dass Christine immer noch im Krankenhaus ist, reichte einfach nicht mehr. Mutter wurde auf das Gemeindeamt bestellt und dort stellten die Polizei und Staatssicherheit genaue Fragen über meinen Aufenthaltsort.

Mutter musste eine Nacht dort verbringen, denn man war über das Vergehen sprach- und fassungslos, dass ich ungemeldet und heimlich im kapitalistischen Ausland war. Es war eigentlich schwer nachzuvollziehen, dass diesen Stellen nicht informiert waren wo ich war. Aber damals war der Überwachungsapparat sicherlich noch nicht so gut aufgebaut. Wir hatten ja immer vermutet, dass die Briefe geöffnet werden.

Wie sollte jetzt mit Mutter weiter verfahren werden? Diese Frage hatte sicher auch die zuständigen Behörden in Bedrängnis gebracht, dass so etwas solange verborgen blieb. Es wurde festgelegt: Mutter sollte mit mir in Verbindung treten und mich auffordern, eine schriftliche Bestätigung abzugeben, dass ich sobald wie möglich zurück kommen werde, dann würden ihr und mir Straffreiheit zugesichert. Außerdem sollten wir weiter wie bisher den Aufenthaltsort geheim halten und mit niemandem darüber sprechen. Demzufolge habe ich geschrieben, dass ich wieder in die DDR zurückkomme, sobald ich genesen bin und entlassen werde. Damit gab man sich zufrieden und Mutter sollte immer über den aktuellen Stand informieren. Ich konnte immer etwas besser laufen und nutzte die Zeit, das Mädchen in dem Nachbarzimmer, das so schwer zu leiden hatte, zu besuchen und ihr damit eine Freude zu bereiten. Niemand in diesem Zimmer konnte aufstehen und so bin ich mehrmals in der Woche einkaufen gegangen. Ich bekam von der Mission ein kleines Taschengeld und konnte mir dadurch auch manchen kleinen Wunsch erfüllen. Oft waren es Mandarinen, die ich sehr gern gegessen habe. Im Oskar- Helene- Heim gab es eine kleine Kantine, in der es sehr viele Dinge zu kaufen gab. Das genügte unseren Ansprüchen sehr.

Auf meiner Station arbeite eine ganz liebe Schwester mit dem Namen Karin. Ihr tat es auch leid, dass ich außer der Frau Pappenheim keinen Besuch bekommen konnte. Sie war damals Lehrschwester und wohnte im Krankenhaus. Oftmals hat sie mich zu sich eingeladen, wenn sie frei hatte. Es war den Schwestern eigentlich verboten, Patienten mit in die Zimmer zu nehmen.

So musste ich mir Schuhe und Mantel anziehen, das Krankenhaus verlassen und durch einen Nebeneingang das Krankenhaus wieder betreten, sodass es den Anschein hatte, als käme ich von außerhalb. Wir haben Kaffee getrunken, uns gut unterhalten und uns auch mit Handarbeiten die Zeit vertrieben. Ich hatte wirklich großes Glück, mit so lieben Menschen zusammen zu sein, die mit Anteil nahmen an meinem Schicksal. Auch besuchten mich ehemalige Patientinnen, die schon entlassen waren, um mir im Krankenhaus die Zeit so gut wie möglich zu vertreiben. Mit meinem dreiviertel Jahr Aufenthalt gehörte ich ja zum alten Eisen. Ganz am Anfang meiner Krankenhausaufenthalte fiel ich bei jeder Unterhaltung durch meinen sächsischen Dialekt auf. Oft wurde ich etwas belächelt und viele versuchten es auch nachzusprechen, was besonders lustig war. Aber im Laufe der Zeit habe ich mich immer mehr dem berlinerischen angepasst und man sagte mir: „Christine du sprichst schon fast wie eine echte Berlinerin." Kurz vor meine Entlassung bekam ich einen Brief von Mutter, dass ich am Tage der Entlassung an der Grenze von einem Krankenwagen aus Ostberlin abgeholt werden würde.

Mitte April 1962 sollte es dann soweit sein. Die Schwestern organisierten eine Abschiedsfeier.

Mir wurde ganz wehmütig ums Herz, denn ich wusste ja, dass ich diese liebgewordenen Menschen nicht wiedersehen werde. Doch die Sehnsucht nach der Heimat linderte den Abschiedsschmerz.

Meine Verabschiedung aus dem Oskar-Helene-Heim

Am Abend vor meiner Entlassung packte ich all meine Sachen ein und es war schwierig, alles unterzubringen. Was gar nicht unterzubringen war, schenkte ich dann den Mädchen. Ich konnte nicht alles mitnehmen.

Schon früh wurde mein Bett abgezogen und ich wartete, wie es weiter gehen sollte. Es verging der ganze Tag, aber niemand wusste richtig Bescheid und ich wurde dann bis zum Abend nicht abgeholt. Abends musste mein Bett wieder bezogen werden und die Mädchen sagten, dich will niemand mehr haben. Ich konnte mich ja auch nicht mit Mutter absprechen. Wir hatten zu Hause kein Telefon.

23.12.1963

Dr.Je/Kr.

Herrn Chefarzt Dr. Linke
Krankenhaus Leninstr.

Karl-Marx-Stadt C 1
Zeisigwaldstr. 1o1

Sehr geehrter Herr Chefarzt!

Besten Dank für Ihr Schreiben vom 5.12.1963. Wir berichten
Ihnen über Fräulein Christine K e m p e , geb. 9.5.44,
wohnhaft in Leubsdorf Kr. Flöha, Hauptstr. 221 B, die sich
in unserer stationären Behandlung vom 7.1o.58 bis 13.2.59
und zuletzt vom 12.7.61 bis 16.4.62 befand.

Pat. hatte mit bengis g eine Osteomyelitis des li. Knie-
gelenkes und Oberschenkels und mit 6 Jahren eine Ober-
schenkelfraktur li. durchgemacht. Das li. Bein blieb dadurch im Wachstum zurück. Am 15.1o.58 wurde deswegen hier
eine supracondyläre Keilosteotomie unter Mitentfernung
des Epiphysenrestes li. d rchgeführt. Am 1.9.61 entschlos-
sen wir uns dann zu einer Verkürzungsosteotomie des re.
Oberschenkels von 5 cm mit gleichzeitiger Küntschernagelung. Am li. Oberschenkel wurde eine Femurosteotomie und
anschließende supracondyläre Drahtextension vorgenommen
und das am re. Femur entnommene 5 cm lange Knochenstück
in eine Muskeltasche am li. Oberschenkel inplantiert zur
Vorbereitung auf eine Verlängerungsosteotomie des li. Oberschenkels. Am 2o.9.61 erfolgte nunmehr die Verlängerungsosteotomie mittels Küntschernagelung unter gleichzeitiger
Auffädelung des vom re. Oberschenkel stammenden Knochen-
stückes. Der p.o. Verlauf war komplikationslos. Die Wunden
heilten p.p.. Es wurden später krankengymnastische Übungs-
behandlung und eine Gehschulung durchgeführt, dabei zeigte
sich, daß die Mobilisierung der Kniegelenke einige Schwierigkeiten bereitete. Bei der Entlassung betrug die Kniegelenke-
beweglichkeit bds. 18o/9o Gr., röntgenologisch zeigten die
Osteotomien an bd. Oberschenkeln bereits eine recht gute
Durchbauung.

Durch die am 13. August 1961 hervorgerufenen politischen
Verhältnisse in Berlin war es uns leider nicht mehr möglich,

Oberschwesternheim

....

....

....

....

.⁄.

55

Der Entlassungsbericht aus dem Oskar-Helene-Heim

Eine Woche später bekam ich eine Nachricht, dass ich
vom Rettungsamt Berlin abgeholt werde. Sie werden
mich zur Grenze bringen. Meine Lieblingskranken-
schwester begleitete mich im Krankenwagen bis zu
Grenze.

Der Abschied von Karin ist mir ganz schwergefallen und
wir haben beide geweint. Die Soldaten an der Grenze
fragten mich: „Wo wollen sie denn hin?" Meine Antwort
war: „Nach Hause, nach Sachsen." Sie sagten: „Ins
Paradies." Sie machten mich aufmerksam, dass ich nicht
wieder zurück kommen könnte.

Da wurde mir richtig bewusst, was das für eine
Entscheidung war. Ich dachte an die Zustände, die mich
wieder erwarten würden. Aber es gab ja nichts anderes.
Wie hätte es sollen werden, ohne Familie, ohne Beruf
und ohne Geld. Der Krankenwagen brachte mich ins
Rettungsamt Berlin-Ost. Dort wurde ich mit meinen

Sachen in einen Raum gebracht, wo noch mehrere Menschen waren.

Man sagte zu mir, dass ich noch etwas warten müsste. Ich machte darauf aufmerksam, dass ich eigentlich vom Ostdeutschen Rettungspersonal abgeholt werden sollte, wie Mutter geschrieben hatte. Etwas später trat ein Mann an mich heran und sagte, er hätte den Auftrag, mich nach Hause zu fahren. Er hatte meine Heimatadresse - sollte ich dazu bereit sein. Wenn ich das nicht möchte hätte er den Auftrag, mich in Berlin in ein Krankenhaus zu fahren. In Berlin war die Ruhr ausgebrochen und ich könnte auch nicht wieder zurück in das Oskar-Helene- Heim.

Ihm war auch nicht bekannt, dass ich abgeholt werde. Ich hatte wirklich vom Krankenhaus genug und wollte nur nach Hause und willigte ein. So begann die Fahrt in einem PKW „Wolga" in Richtung Sachsen. In der Heimat war festgelegt worden, dass ein Krankenwagen zum Rettungsamt nach Berlin fahren sollte, um mich abzuholen. Mutter bekam den Auftrag, meinem Bruder mit zu schicken, mich in Empfang zu nehmen und mir bei Bedarf behilflich sein. Er schilderte das Erlebte so. Früh morgens hatte er in Flöha, in der ehemaligen Kreisstadt, an dem Krankenwagenstützpunkt zu sein. Er bekam einen weißen Mantel, um den Anschein zu erwecken, zum Krankentransportpersonal zu gehören. Denn vor Berlin wurden alle Fahrzeuge wegen der ausgebrochen Ruhr kontrolliert. Nur Krankenfahrzeuge konnten ohne weiteres passieren. Irgendwann kamen sie dann in Berlin im Rettungsamt an und mein Bruder musste im Fahrzeug warten.

Nach einer ganzen Weile kamen die beiden Krankentransporteure sichtlich genervt mit der Nachricht, dass ich schon auf der Reise nach Hause bin. Daraufhin fuhr die Besatzung mit meinem Bruder in ein Berliner Krankenhaus und es wurde eine Rückfahrt einer Patientin in den Harz übernommen. Es durfte wahrscheinlich keine Leerfahrt geben. Es war eine alte Frau und Christian saß viele Stunden neben ihr. Er hat immer gedacht, dass sie stirbt. Zu nächtlicher Stunde kam man dann in Flöha an und ein Fahrer hat meinen Bruder dann mit dem Motorrad noch nach Hause gefahren. Da stand der Wolga mit der Aufschrift „Rettungsamt Berlin." Der Fahrer übernachtete bis zum nächsten Tag in einem Zimmer im landwirtschaftlichen Gut.

F Ü N F

So sehr ich mich auch freute, wieder zu Hause zu sein, war es eine Umstellung wieder in einem kleinen Kämmerchen, von nicht mehr als zehn Quadratmetern, mit Mutter zu schlafen. Ich hatte ja ein dreiviertel Jahr in einem großen Saal gelebt. Mit dem Laufen hatte ich immer noch Schwierigkeiten und konnte aber die kaufmännische Lehre nun aber ein Jahr später beginnen. Nach meiner Lehrzeit wurde ich übernommen und arbeitete bis zu meinem Umzug nach Erdmannsdorf in meinem Lehrbetrieb. Ich bekam einen Arbeitsvertrag in der damaligen Kunstlederfabrik, circa 500 Meter von unserer Wohnung entfernt.

An meinem letzten Arbeitstag in der BHG in Leubsdorf rief mich eine neue Kollegin an und sagte mir, sie hätte einen Brief für mich, in dem die Einstellung rückgängig gemacht wird. Meine Chance war gleich null, als ich mich beschwerte. Es handelte sich um eine gute Genossin, die wohl ihre Kündigung zurückgezogen hatte.

Da ich für unsere vierjährige Tochter einen Kindergartenplatz erhalten hatte, musste ich eine Arbeitsstelle nachweisen. Im zuständigen Amt für Arbeit wurde mir eine Stelle als Sekretärin beim Kreisarzt angeboten und ich wurde dort angestellt. Die wiedereingestellte Kollegin in der damaligen Kunstlederfabrik hielt gar nicht lange durch und so wechselte ich dann doch wieder dorthin, da es für mich günstiger war und ich nicht auf Bahn und Bus angewiesen war.

In diesen Jahren hatte ich einen leichten Gehfehler, doch ich konnte tanzen gehen und die Beeinträchtigungen hielten sich in Grenzen. Doch dann nach einigen Jahren traten immer öfter stärkere Schmerzen im linken Kniegelenk auf, die immer unerträglicher wurden.

Die Vorstellungen bei verschiedenen Fachärzten brachten immer wieder die gleichen Aussagen. An diesem so oft operierten Bein, könnten sie kein Kniegelenk wechseln. Es war ja schon beim Anblick der vielen Narben eigentlich schlecht vorstellbar, ein künstliches Kniegelenk dort unterzubringen.

Anfang November des Jahres 2000 schrieb ich einen Brief an das Oskar-Helene-Heim nach Berlin. Ich teilte in einem kurzen Bericht mit, welche Operationen an meinen Beinen durchgeführt wurden und bat, mir eine Vorstellung zu ermöglichen.

Eine kurze Zeit später bekam ich eine Nachricht und einen Termin genannt. Ich fuhr mit meinem Bruder und den Krankenberichten, die ich noch hatte, zum Termin nach Berlin.

Der damalige Professor war auch nur noch namentlich durch seinen guten Ruf bekannt. Unterlagen und Krankenberichte aus der damaligen Zeit waren nicht mehr vorhanden, es waren ja fast 40 Jahre vergangen. In einem ausführlichen Arztgespräch, Röntgen des Knies und anderen Untersuchungen wurde mir angeboten, das Kniegelenk zu entfernen und durch ein künstliches zu ersetzen, welches speziell angefertigt werden sollte. Allerdings würde aber eine gewisse Zeit bis zur Operation vergehen.

Ich willigte ein und nach einer genauen Vermessung verließen wir die Klinik. In der Klinik hatte sich in den Jahren vieles verändert, aber manches kam mir noch bekannt vor.

Es vergingen wieder mehrere Wochen, die Schmerzen nahmen zu und ich sehnte einen Operationstermin so schnell wie möglich herbei. Wieder bescherten mir die Gedanken, dass mir eine komplizierte Knieoperation bevorsteht, schlaflose Nächte. Aber es musste ja sein und ich war eigentlich froh, dass sich die Ärzte dazu bereit erklärten. Ich hatte großes Vertrauen. Das Oskar-Helene-Heim wurde in dieser Zeit mit dem Behring-Krankenhaus zusammengelegt und ich bekam eine Einweisung dort hin. Es war auch vereinbart, dass ich Eigenblut für die Operation mitbringen sollte, das mir bei mehreren Sitzungen im Krankenhaus in Chemnitz abgenommen wurde.

Am Tage der Einweisung, dem 12.März 2001, haben wir das gut gekühlte und in Behältern verpackte Blut abgeholt und sollten dann in einer vorgegebenen Zeit dort im Krankenhaus sein.

Es ging alles gut und wir konnten auch die Zeit einhalten, obwohl wir uns noch verfahren hatten. Zwei Tage später wurde ich dann operiert und das speziell angefertigte Kniegelenk eingesetzt.

Einen Tag nach der Operation trat der Arzt an mein Bett und probierte, das Knie zu bewegen. Als er sah, dass es mir schlecht ging, sagte er zu mir: „Morgen sehen wir uns im Operationssaal wieder und wir müssen unter Narkose Ihr Knie beugen." Da war ich sehr erschrocken. Gerade erst wurde ich operiert und nun soll es weitergehen. Wenn man jetzt später überlegt, konnte man manches gar nicht so schnell verarbeiten und vielleicht haben auch Schmerzmittel das Denken beeinflusst.

Nach dem Aufwachen aus der Narkose erklärte der Arzt: „Mehr Kraft konnte ich nicht aufwenden, sonst hätte ich Ihr Bein gebrochen." Nach reichlich zwei Wochen Behandlungen wurde ich am Gründonnerstag entlassen und am Dienstag nach Ostern fuhr ich dann zur REHA nach Bad Elster. Ich bekam vier Wochen Behandlungen, die mir eine gute Bewegung für das Bein brachten.

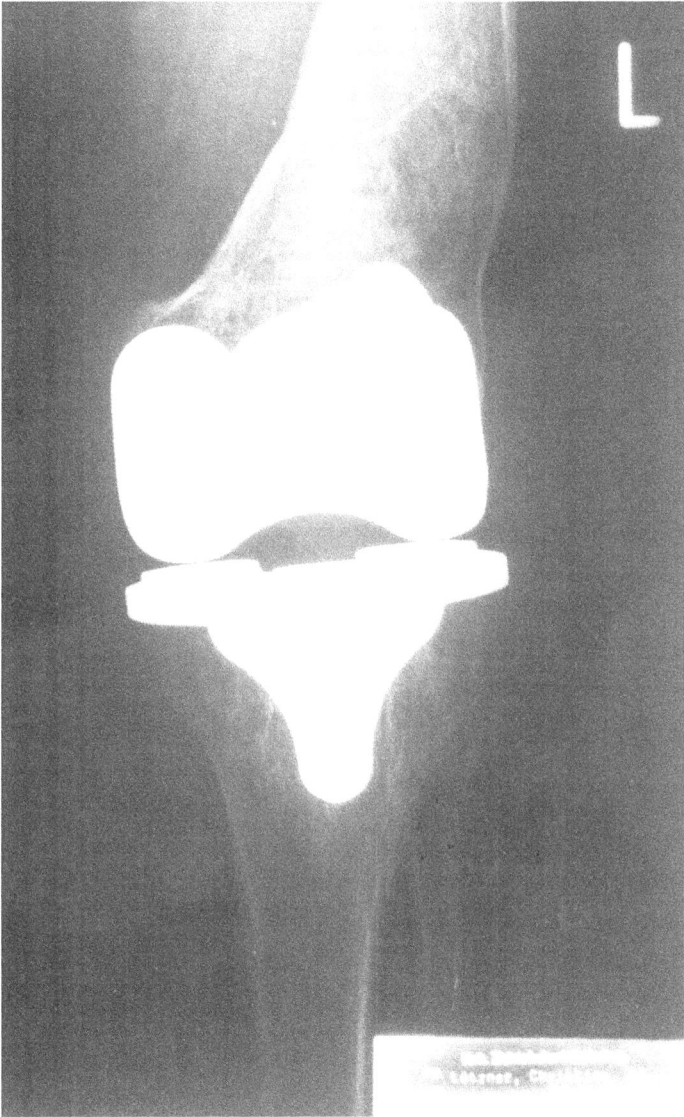

Röntgenbild nach Einbau der Knie-Prothese

Das Knie war wieder fast schmerzfrei und auch den Verhältnissen entsprechend gut bewegbar. Ich war sehr froh, dass ich das nochmals über mich ergehen hatte lassen.

In Abständen von zwei Jahren bin ich dann nach Berlin zu dem behandelnden Professor gefahren, der dann das Knie gründlich untersucht hat und mit dem Ergebnis sehr zufrieden war.

Leider war ich im Jahr 2015 zum letzten Mal dort, denn der Professor, der mir das Kniegelenk gewechselt hatte, ging in den Ruhestand. Er gab mir die Empfehlung, mir einen guten Orthopäden in meiner Wohnortnähe zu suchen.

Ich habe einen guten Arzt gefunden, dem ich mein so oft operiertes Bein anvertrauen kann. Das letzte Untersuchungsergebnis ergab, dass das operierte Gelenk noch festsitzt, aber das andere Knie auch bald ein neues Gelenk benötigt.

Meine lange Krankengeschichte, und die damit verbundenen Erfahrungen haben in mir einen besonderen Blickwinkel auf unsere Gesundheit und unser Leben eröffnet.

Lightning Source UK Ltd.
Milton Keynes UK
UKHW020650260720
367197UK00009B/285

9 783751 959322